AF312542

LES
PLEURS DE LA PATRIE

RÉCITS DES TEMPS DU SIÉGE

PAR

LEO SPES

Sunt *lacrimæ* rerum,
Deiphobe armipotens, genus alto a sanguine Teucri,
Quis tam crudeles optavit sumere pœnas?

VIRGILE.

Prix : 2 francs

PARIS

EN VENTE CHEZ TOUS LES PRINCIPAUX LIBRAIRES

DE LA FRANCE ET DE L'ÉTRANGER

Et chez l'Imprimeur, PH. CORDIER, 49, Faubourg St-Denis.

—

1873

Typ. Ph. Cordier, Faub. St-Denis, 49.

L'INVESTISSEMENT.

(*Alea jacta est*),

C'en est fait ! les portes sont closes :
Courez aux armes, Parisiens.
Le temps n'est plus des vaines gloses,
Entendez-vous hurler les chiens ?
Ce sont les meutes allemandes
Qui viennent pour traquer Paris,
Les voilà, les funestes bandes ;
Parisiens, prenez vos fusils.
Ecoutez ! la chasse est conduite
Par un trio cruel, adroit ;
Les hobereaux vont à la suite,
La force veut primer le droit.
Haut le cœur, Parisiens frivoles !
Loin de vous les rhéteurs bavards !
Le fait brutal a des paroles,
Que vous entendrez aux remparts !
Relève toi, race latine !
Fais tête au sauvage Germain !
Souviens-toi de ton origine !
Souviens-toi du vieux sang romain.

DES CANONS !!!

Dépêchons ! qu'on arme au plus vite
Et nos bastions et nos forts,
Qu'à la défense l'on s'excite,
Plus tard on comptera les morts.
A l'œuvre, ouvriers, à la forge,
Transformez l'acier et le fer !
Chantez, chantez à pleine gorge,
Que vos chants emportés dans l'air
Aillent dire au Germain farouche
Que Paris n'a jamais eu peur,
Et que malheur à qui le touche.
Car c'est toucher la France au cœur !
Citoyens, donnons notre offrande ;
Aux soldats il faut des canons,
Et la fournaise vous demande
Du fer et du bronze... donnons !!!

LA PATRIE EN DANGER.

Que tout soit un champ de manœuvre,
Que l'arme mise en chaque main
Puisse bientôt faire son œuvre !
Soldats, nous combattrons demain !
Formons des bataillons d'élite
Pour les braves, pour les vaillants :
Rouvrons enfin pour le vélite
La liste des enrôlements !
Que chacun prenne la défense
De Paris contre l'étranger !
Paris est aujourd'hui la France !
Et la patrie est en danger !!!

LES ESPIONS.

Comment? vous que Paris accueillait dans son sein,
Ouvriers Allemands, princes de la finance,
Egoutiers, balayeurs, tous venus à dessein
Pour osculter Paris et moucharder la France;
Comment? vous vous trouvez encore parmi nous,
Cachés dans nos maisons, nous épiant dans l'ombre,
Ou marchant sur nos pas, ainsi que font les loups
Au détour des forêts, lorsque vient la nuit sombre?
Comment? vils espions, l'on vous voit chaque soir
Poursuivre impudemment votre besogne infâme
Et pour nos ennemis, sous un ciel froid et noir,
D'un signal convenu, faire briller la flamme?
Comment? vous abusez de l'hospitalité,
Pour vendre nos secrets! Ignobles mercenaires,
Entendez-vous les cris de Paris irrité?
Et ne craignez-vous pas les fureurs populaires?
Mais non, vous le savez, le peuple de Paris
Est généreux et bon jusque dans ses colères,
Vous savez que par lui si vous êtes surpris,
Il tiendra pour sacrés vos enfants et vos mères!
Oh! traîtres, quand pour nous viendront des temps meilleurs,
Quand nous aurons brisé nos jougs et nos entraves,
Fuyez loin de Paris, portez vos pas ailleurs;
Paris redevient libre et chasse les esclaves.

LES VANDALES.

Paysans, quittez vos chaumières,
Châtelains, quittez vos châteaux,
Fermons nos ruches ouvrières;
Voici les Vandales nouveaux.

Ils vont briser les toits de chaume.
Ils vont massacrer les enfants !
C'est en l'honneur du roi Guillaume
Qu'on égorge des innocents !
Blondes enfants de l'Allemagne.
Vantez vos fiancés soldats !
Que votre cœur les accompagne !
Mais un jour vous ne rirez pas !
Un jour sous les riches parures,
Cadeaux de vos amants filous,
Nous vous reconnaîtrons, impures,
Ce jour est proche... parez-vous.
 Accourez donc, ô blondes filles,
 Admirez vos soldats en rond !
Ils ont du sang jusqu'aux chevilles,
Et de la honte jusqu'au front.

LA BATAILLE.

Battez, tambours, sonnez clairons, sonnez, la charge,
Que du sommet des forts la mitraille décharge
Et le fer et le plomb sur les camps allemands ;
Que la voix du canon dise à ces insolents :
Paris ne tremble pas, il ne veut, ni se rendre,
Ni demander merci ; Paris veut se défendre !
Paris sait qu'en lui seul est l'espoir désormais ;
La faim peut le dompter, mais les Teutons... jamais !
» Et le canon d'airain retentit dans la plaine,
Le soldat citoyen, que sa valeur entraîne,
Franchit les ponts-levis d'un pas ferme, assuré, ..
Qu'importe le péril, il a tout mesuré.
Au baptême du sang il vole avec audace,
Il marche à découvert, et voit la mort en face ...
L'inexorable mort vient éclaircir les rangs,

Ils tombent, ces héros, fauchés par des truands !
Mais s'ils tombent hélas ! écrasés par le nombre,
C'est toujours au soleil, ce n'est jamais dans l'ombre.
Salut, morts glorieux, salut à vos trépas. »
Vous pouvez succomber, l'honneur ne faiblit pas,
Et nous pourrons graver sur la dalle de pierre
Qui couvrira les morts tombés dans la poussière :
Devant cette humble tombe incline-toi, passant.
Là, des fils pour leur mère ont donné tout leur sang.

OU SONT LES CHEFS ?

Et tout rentre dans le silence !
Mais Paris bout d'impatience,
Il va redoubler ses efforts ;
Il jure de venger ses morts !
O noble cité, ta vengeance
Serait le salut de la France !
Mais où sont donc, vaillants soldats,
Pour de gigantesques combats,
Les chefs que votre ardeur désire ?
L'histoire... un jour saura le dire.

LES MARAUDEURS,

Trois amis ! où vont-ils ? Un sac sur les épaules ?
Comme l'un d'eux est jeune ! A peine a-t-il douze ans.
On dirait des captifs arrachés à leurs geôles,
Tant ils ont l'air joyeux, ils vont gagner les champs.
C'est envain que depuis la semaine passée,
On leur a dit cent fois pour calmer leur ardeur,
Que le doux Allemand, dans sa rage insensée,
Pour se faire la main, vise le maraudeur.

Ces trois insouciants n'en on rien voulu croire.
Ils sont dans le Bourget que l'on vient de fouiller,
Et pour se reposer, ils se sont mis à boire
Dans l'unique maison au toit hospitalier.
Le plus jeune a cru voir au loin des sentinelles,
Il a cru voir briller sous ce soleil d'hiver
Un œil fauve lançant de rouges étincelles,
Et le sabre d'acier d'un chef de la Landwer.
Qu'importe? Il sont aux champs, la besogne s'achève;
Les sacs sont presque pleins, ils vont cherchant toujours,
Le sol est plantureux, l'arbuste plein de sève,
Et le siége, dit-on, peut durer de longs jours!
Mais le hulan paraît au détour des vallées;
On entend des chevaux le lourd piétinement,
Puis le sifflet aigu des balles isolées......
La balle d'un hulan vient de frapper l'enfant;
Il tombe en murmurant une courte prière,
Puis dit à ses amis : ne me relevez pas;
Chargez-vous de mon sac, portez le chez ma mère,
J'étais venu pour elle...... Il expire en leurs bras.
Tudesques gazetiers au langage sévère,
Inscrivez ce haut fait, dites à vos enfants
Que vous tuez ici pour des pommes de terre;
Nous nous en souviendrons quand il en sera temps.

A VERSAILLES.

Portons au-dessus des remparts
Notre pensée et nos regards :
Comte Bismark et toi, Guillaume,
Ne voyez-vous pas le fantôme
De Louis quatorze, le grand roi !
Comment osez-vous, sans effroi,
Souiller le palais de Versailles !

Est-ce à titre de représailles ?
Ou bien, dans votre fol orgueil,
Croyez-vous qu'assis sur ce seuil,
Vous grandissez aux yeux du monde ?
Non, non, votre erreur est profonde ;
Et l'histoire, héros de hasard,
De vos vaincus fera la part.
Dans ce palais donnez des fêtes !
Parlez bien haut de vos conquêtes,
Faites vous sacrer empereur :
Plus que nous vous avez eu peur !
Et, lorsqu'il vous vient la nouvelle
Que Paris, la grande rebelle,
Sur vous veut tourner són regard,
Vous vous préparez au départ.

LES AMBULANCES.

Au toit d'une maison un drapeau se balance,
Drapeau blanc blasonné d'une modeste croix.
Passants, découvrez-vous ! c'est ici l'Ambulance,
Où nos braves blessés sont soignés à la fois,
Par la fille du riche et par la sœur modeste.
A tous les mêmes soins et la même douceur :
Elles vont aux blessés, sur un mot, sur un geste,
Comme vers un enfant vont la mère et la sœur.
O vous tous, nobles fils, frappés pour la patrie,
Vous dont le fer germain a sillonné le corps,
Vous avez combattu pour la France chérie,
Nous vous retrouverons au jour des grands efforts.
Guérissez à l'abri du drapeau de Genève,
Et redevenez forts pour la lutte à venir.
Le vaisseau de Paris a bien pu sur la grève
S'ensabler un instant, il ne peut s'engloutir.

LA NUIT.

La nuit est froide et profonde,
Tout au loin, le canon gronde,
La neige a couvert nos toits,
Et les enfants nus et froids
Se pressent contre leurs mères!
Oh! qui dira les misères
Des jours de faim et de deuils?
Qui montrera les cercueils
De ces frêles créatures,
Victimes saintes et pures
Des piétistes Allemands,
Pour qui la mort des enfants,
La famine et ses supplices,
Sont des jeux pleins de délices!
Soyez donc contents, bourreaux,
Nous dévorons nos chevaux!
Toi, Bismark, oh! sois tranquille,
Tout s'épuise dans la ville!

LES RIBAUDES.

Par les portes de la Cité
Qu'on laisse passer les Ribaudes;
Qu'elles aillent à leurs maraudes,
Paris sera désinfecté!

Va, Ribaude, cours aux Prussiens
Et que te suivent les pareilles;
Il ne faut plus que des abeilles
Dans la ruche des Parisiens.

Le Germain plus ladre que fier,
Sait supputer le prix des vices ;
Il s'y connaît en immondices,
La drôlesse vaut un thaler.

Rebuts du grand égout humain,
Filles, restez à l'Allemagne,
Aux soudards versez du champagne,
Ils vous assommeront demain.

Partez toutes, c'est le moment ;
Voici que la France agonise,
Que le roi Guillaume se grise
Et que Bismark est rayonnant.

PIGEONS et BALLONS.

Doux pigeons à la voix plaintive,
Tout comme nous gente captive,
Dans les airs prenez votre essor !
Volez toujours, volez encor !
Vous portez sous vos blanches ailes
Nos dépêches et nos nouvelles !
Oh ! tremblez, tremblez d'être pris !
Vous portez l'espoir de Paris.
Et déjà le faucon vous guette,
A vous étrangler il s'apprête ;
Déjà la balle des Teutons
Vous cherche, ô gracieux pigeons.
Fendez l'air, dévorez l'espace,
Que Dieu vous garde et que Dieu fasse
Qu'au retour, gentil messager,
Nous ayons chassé l'étranger !
Grâce à toi, Guillaume despote,
Nous avons pour facteur, pour poste,

Un pigeon ramier, un ballon ;
Et quoi ? Bismark, sous ton talon
Tu crois tenir notre pensée ;
Mais non, notre poste est passée !

LES ON-DIT.

Aussi prompt que l'éclair, un bruit s'est répandu,
On déclare bien haut que tout n'est pas perdu.
On dit qu'en maints endroits nos frères de province
Ont battu les Teutons commandés par des princes,
Et les mieux informés, ceux qui sont toujours sûrs,
Disent que nos soldats sont bien près de nos murs.
On dit que l'Allemand va sonner la retraite,
Que Guillaume se meurt, que Bismark perd la tête.
On dit qu'à la rescousse arrivent les Anglais,
Que cent mille des leurs débarquent à Calais.
On dit, en déduisant les effets de leurs causes,
Que nous sommes sauvés; on dit bien d'autres choses !
Hélas ! trois fois hélas ! fatale vérité,
Que les désirs sont loin de la réalité !
Orléans s'est rendu, Metz est près de se rendre,
L'Anglais dans ses comptoirs n'a pas cessé de vendre,
Chaque jour les Teutons ont des renforts nouveaux,
Et le Gouvernement, de Tours fuit à Bordeaux !
Cessons donc de compter sur de vaines chimères,
Que font aux étrangers nos malheurs, nos misères !
Ils n'aiment point Paris, quand Paris n'offre pas
Des concerts et des bals, des filles d'opéras !
Et Paris, à cette heure, austèrement se couche,
Sans soupers et sans gaz, Paris semble farouche.
N'attendons rien, non rien, notre force est en nous.
Courtisans du bonheur, restez, restez chez vous.

Voyez tranquillement passer nos funérailles,
Mais quand viendra pour vous le jour des représailles,
Quand un reître vainqueur souillera vos États,
Songez à notre France, et ne vous plaignez pas !

LE RATIONNEMENT.

Une carte à la main, sous l'auvent d'un boucher,
La mère attend son tour sur la dalle glacée,
L'aïeule est au logis; elle paraît chercher
A calmer une enfant sur ses genoux bercée;
Le père est aux remparts; mais hélas! par pitié,
Comment mangera-t-il avec trente centimes;
C'est tout ce qui restait : le Mont de Piété
N'a rien voulu prêter sur ses outils, ses limes...
Et toujours le canon se fait entendre au loin.
L'enfant, sur les genoux de la vieille grand'mère,
Ne cesse de pleurer, rongeant son petit poing.
Il tourne avidement ses yeux vers la soupière,
Mais elle est vide, hélas! Le foyer est sans feu :
Or la mère est dehors depuis cinq longues heures,
Dehors, et par ce froid que de femmes, mon Dieu,
Rapporteront la mort dans leurs pauvres demeures.
L'enfant s'est endormie au son d'un chant naïf,
L'aïeule grelottante et la lèvre enfiévrée
Poursuit un sombre rêve en son cerveau pensif
Et ne s'aperçoit pas que sa fille est rentrée.
Il est bientôt midi; c'est depuis le matin
Que sur un froid trottoir que la neige vient battre,
Elle attend. La voilà, mais la voilà sans pain.
Qu'a-t-elle donc en main? Trois harengs secs pour quatre.

LE 31 OCTOBRE.

Il nous manquait cela, la discorde entre nous ;
Quoi ? nous sommes gardés comme on garde des fous,
Nous sommes enfermés dans nos propres murailles ;
Nous mangeons du pain noir, nous perdons des batailles ;
La famine nous guette ainsi qu'un assassin,
Et nous nous frapperions comme font les Caïn !
D'où viennent donc ces cris de vive la commune ?
D'où viennent ces braillards ? Jusqu'en notre infortune,
Nous avons eu souci de notre dignité,
Nous sommes restés grands par la fraternité,
Et voilà qu'ils voudraient, ô fatale campagne,
Nous forcer à rougir sous l'œil de l'Allemagne.
Mais non, mille fois non, Prussiens intérieurs,
Vous n'assouvirez pas vos haineuses fureurs.
Sous le mépris public rentrez dans vos retraites,
Et que le sang versé retombe sur vos têtes !
Le devoir à cette heure, est pour tout citoyen
De n'avoir qu'un seul but : repousser le Prussien,
Et qui veut entraver l'œuvre de délivrance,
Doit être mis au ban des enfants de la France.

LE MESSAGER.

Où va cet homme courageux ?
Il est sans armes, sans insignes ;
Il veut, ô dessein généreux,
Des ennemis franchir les lignes.
Il a l'ardeur, il a la foi
Qui font gagner les saintes causes ;
Il a la confiance en soi

Qui fait faire les grandes choses ;
Il sait quel peut être son sort,
Mais il marche pour la patrie ;
Il a fait, ce vaillant, ce fort,
Le sacrifice de sa vie,
Droit aux Prussiens marche toujours ;
Dieu comblera tes espérances,
Et pour les dangers que tu cours,
La France aura des récompenses.
Et le voilà loin du péril,
Grâce à son audace, à sa feinte.
Mais, hélas ! nous sauvera-t-il
Dans sa mission trois fois sainte ?

LES VILLES HÉROIQUES.

Paris au sein de ses douleurs
Compâtit à tous les malheurs ;
Il est sublime en sa tristesse,
Il est grand jusqu'en sa détresse,
Sa voix a de mâles accents,
France, pour tes nobles enfants,
Salut aux défenseurs stoïques
Des grandes villes héroïques ;
Salut, ô Phalsbourg, Chateaudun,
Saint-Quentin, Dijon, Toul, Verdun.
S'il est des victoires honteuses,
Il est des chutes glorieuses ;
Et nous ne pleurons pas sur vous,
Mais sur vos *vainqueurs*, sur ces fous
Qui croient dompter la France entière,
Sous les amas de la matière.
Oui ! nos villes peuvent tomber !

Un jour nous pouvons succomber !
Mais pour tout ce sang qui s'épanche,
Teutons, songez à la revanche !

LA MISÈRE CACHÉE.

L'hiver de plus en plus devient âpre et brutal;
La neige tombe à flots sous un vent glacial;
La famille est sans feu, presque sans nourriture,
L'enfant sans vêtements, le lit sans couverture;
On a, depuis un mois, épuisé tout le bien,
Le mont de piété ne prête presque rien;
Et l'on ne voudrait pas, malgré cette indigence,
De l'aumône publique implorer l'assistance.
Noble et sainte pudeur, pudeur des malheureux!
On souffre sans se plaindre, on se dérobe aux yeux!
Voyez, la chambre est propre, et sur la cheminée
Une pendule est là, marquant l'heure sonnée.
Mais la misère attend: qui peut la secourir?
A ce drame caché qui donc peut compâtir?
Qui le peut? Regardez, ce sont ces nobles âmes
Où de la charité brûlent les saintes flammes;
Ce sont Rothschild, Menier, Wallace, Delessert,
Lesseps, Minard, Devinck, Delapalme, Hottinguer…
Puis tous ces inconnus qui se font les apôtres
Et les chercheurs de maux ignorés de tant d'autres.
Ils vont discrètement vers la famille en pleurs,
Disant avec bonté, comme parlant aux leurs :
« Vous souffrez, mes amis, en nous voyez des frères,
« Qui vous tendent la main au jour de vos misères.
« Ne nous refusez pas en ces jours douloureux,
« Nous, qui pouvons donner, nous sommes les heureux!»
Nobles cœurs, vous portez en vous la récompense
Du devoir accompli! Que la reconnaissance

De tant d'infortunés, redescendant du ciel,
Vous revienne en rosée et de lait et de miel !
Pour prix de vos bienfaits, que l'Eternel accorde
Le bonheur à vos jours, plus tard miséricorde.

LA FAMINE.

Tout va de mal en pis. Le sort en est jeté.
Germains, soyez co ntents, nous avons la famine;
Vos calculs étaient bons : voilà Paris dompté,
Paris n'a plus de pain n'ayant plus de farine;
Ses chevaux sont mangés, il a mangé ses chiens.
Les bœufs et les moutons, les fromages, les viandes,
Les légumes, le lait sont pour les Parisiens
Passés depuis longtemps à l'état de légendes.
Guillaume, il faut écrire à la reine Augusta,
Toi, Bismark, entonner un chant psycologique
Et dire à l'univers que rien ne l'arrêta,
Que pour vaincre Paris tu le rendis étique.
Hurrah pour l'Allemagne! Que l'on danse à Berlin,
Qu'on boive au camp tudesque et qu'on fasse ripailles;
Ces héros n'ont pas pris le plus petit fortin,
Mais ils prendront Paris! Comment ? par les entrailles.

UN CAFÉ.

C'est auprès du canal, la salle étroite est sombre;
Un billard au milieu se profile dans l'ombre
Comme un noir catafalque attendant un cercueil.
Néanmoins cette salle est pleine jusqu'au seuil.
Le tout est éclairé par deux lampes fumeuses
Qui remplacent du gaz les clartés lumineuses,

Et dans l'âtre, autrefois joyeux et pétillant,
Deux morceaux de bois vert brûlent en rechignant.
Et l'on voit souriant, l'heureux propriétaire
Aux soldats citoyens, verser des flots de bière !
Ils sont là près de cent, de retour des secteurs.
La maîtresse du lieu sur ces consommateurs
Plonge un regard empreint d'une douce tendresse :
Elle compte avec joie, et recompte sans cesse
Les écus amassés; car ce siège effrayant
Se résume, pour elle, en un peu plus d'argent !
Or tous ces gens sont là devisant de la guerre,
Chacun dit son avis sur ce qu'il faudrait faire.
Le ferblantier disert, s'adresse au teinturier
Qui demande conseil au maître charcutier;
Le marchand bric-à-brac prend part à ce colloque
Et le déménageur, en enflant sa voix rauque,
Intervient au débat, quand le marchand de cuir
En parlant des Prussiens dit : « Qu'il les a vu fuir !
— « C'est exact, dit alors avec fine jactance,
Un homme sérieux, un homme de finance.
Le sellier tout à coup devient blême et pensif,
Dam ! il est exempté de tout service actif;
Mais si le Prussien fuit, il faudra le poursuivre !
Le boulanger du coin, assis près d'un garde ivre,
Le rassure en lisant dans un journal bavard :
« Que dès l'aube du jour le quartier Vaugirard
» A reçu des Prussiens les plus gros projectiles;
» Paris est bombardé comme toutes nos villes. »
A ces mots, un farceur, un peintre en bâtiment,
Se gaudit en songeant que ce bombardement,
S'il peut donner la mort à quelque créature,
Fera couler, plus tard, des torrents de peinture.
Et pendant que chacun songe à ses intérêts,
Pendant que de la lutte on sonde les secrets,
Pendant que bêtement, l'on cause et l'on s'enivre,

Pendant que l'on attend quelqu'un qui nous délivre,
L'Allemand, calme et froid, attend le dénouement :
Il a tout calculé géométriquement.

. . . .

. . . .

» Qu'on ferme les cafés et qu'on rouvre les portes
» Qui mènent aux Prussiens. » Allons, que les cohortes
S'élancent dans la plaine, et qu'au soldat vainqueur
Les femmes de Paris versent le vin d'honneur !

LE BOMBARDEMENT.

Et la Cité ne se rend pas ;
Allons ! vite ! que l'on bombarde
Le fier Panthéon, la mansarde
Et l'école Saint-Nicolas.

Que les canons fassent tapage ;
Qu'ils brisent nos toits, nos maisons.
Devant Paris, braves Teutons,
Voilà votre plus belle page.

Vous avez tué des enfants,
Ouvert nos égouts sous vos bombes,
Ravagé nos jardins, nos tombes
Et mutilé quelques passants.

Cela suffit à votre gloire ;
Le canon Krupp a fait son jeu ;
Le roi Guillaume est demi-dieu
Et von Bismark lui verse à boire.

BUZENVAL.

Oui, nous allons tenter le ciel,
La faim ne saurait nous réduire ;
Spectacle émouvant, solennel,
Et que le monde entier admire !
Demain, Paris, tous tes enfants
Graviront un nouveau calvaire ;
Ils seront encore triomphants,
Mais toujours triomphe éphémère !
A qui la faute ? Oh ! répondez,
Vous, Chefs sans ardeur et sans flammes,
Comment ? vous avez charge d'âmes,
Et ces âmes vous les perdez !
Rentre, milice citoyenne,
Et redescends du Golgotha ;
L'honneur est sauf, qu'on s'en souvienne,
Nous savons bien qui t'arrêta...
Tout est fini, que dans l'histoire
De ce siége où tout fut fatal,
On inscrive pour notre gloire
Champigny, Bourget, Buzenval.

AUX CHAMPS ÉLYSÉES.

Paris, tes portes sont ouvertes,
Il est venu le jour de deuil.
De tes maisons voile le seuil,
D'un crêpe qu'elles soient couvertes.

Demain le Prussien entrera...
Voyez, le long des murs il rampe.

Sur notre sol sacré qu'il campe :
Qu'importe, on désinfectera.

Parquez-vous aux Champs Elysées,
Paradez un jour dans ce coin,
Un seul ! et n'allez pas plus loin,
Races chez nous dépaysées.

L'avenir pour nous est certain,
Vous aurez à nous rendre compte
De nos douleurs, de notre honte...
Chaque jour a son lendemain.

18 MARS 1871.

Après quatre longs mois d'épreuve,
Quand toujours l'ennemi s'abreuve
A l'eau pure de nos ruisseaux ;
Quand nous demandons le repos,
Voici que gronde sur nos têtes
La plus horrible des tempêtes.
Seigneur, n'es-tu pas désarmé ?
Pourquoi ce courroux enflammé ?
Nous avons bu jusqu'à la lie,
De nouveau la coupe est remplie ?
Oh ! c'en est trop, Dieu Tout-Puissant !
Vers toi nous venons en priant,
Exauce notre humble prière,
Eloigne cette coupe amère
De nos lèvres et de nos mains.
Toi qui mourus pour les humains,
Toi qu'un amour immense inonde,
Sauve Paris, Sauveur du monde !

LE DOIGT DE DIEU.

Paris ne peut être sauvé,
Il faut que son sort s'accomplisse ;
Il faut que, sentine du vice,
Dans le sang pur il soit lavé.
Et ce sang va couler à flots :
Voici les fureurs populaires,
Voici les balles meurtrières,
Frappez vos victimes, bourreaux !
Ce sont des prêtres, des prélats,
Des magistrats, des journalistes,
Des moines, des séminaristes,
Des gendarmes et des soldats.
La flamme, des maisons en feu
Éclairera la tragédie,
Et sur cet affreux incendie
Apparaîtra le doigt de Dieu !

LA COMMUNE.

Paris, martyr géant, ils n'ont rien respecté ;
Ils t'ont pris à la gorge en hurlant liberté ;
Ils ont traîné ton nom dans leurs ignominies,
Ils ont fait de ta terre un lieu de gémonies ;
Ils ont souillé ton sol, ils ont sali tes murs,
Ils ont tout pollué, comme font les impurs.
A toi, peuple crédule, ils ont menti, les traîtres,
Et pour mieux te tromper, ces bandits et ces reîtres.
Ont étalé, naïf, à tes yeux éblouis
De grands mots, songes creux, bientôt évanouis.
Ils ont dit Paris libre et libre la commune,

A tous le même sort et la même fortune,
Egalité pour tous dans les conditions,
Table rase des lois et des religions ;
L'homme est un étalon, la femme une femelle,
Leurs fils sont des petits pendus à la mamelle ;
La matière, ont-ils dit, gouverne désormais
Et dans l'ordre moral et dans l'ordre des faits,
Oui, la terre et le ciel, la mort et l'existence,
Peuvent s'analyser, et l'humaine science
Prouve par A plus B que l'esprit et le corps
Suivent les mêmes lois, que morts ils sont bien morts.
Et si nous les croyons, combien stupide est l'homme,
Qui s'estime au-dessus de la bête de somme !
Ils ont dit tout cela, ces gredins effrontés,
Ces ivrognes, ces fous, ces savants hébétés.
S'ils n'avaient qu'ergoté..... mais ces nouveaux Vandales
Sur toi, noble Paris, ont porté leurs mains sales.

.   .   .   .

.   .   .   .

Voici le mois de Mai, voici le mois des fleurs,
Pour toi, pauvre Paris, c'est le mois des terreurs,
Des meurtres et des vols, des fureurs sanguinaires,
Celui des assassins et des incendiaires,
Le mois où des bâtards se disant tes enfants,
Vont te deshonorer et déchirer tes flancs.
Cache au monde, ô Paris, la page rouge et noire
Qui va souiller encor ta noble et grande histoire...
Dis que ce fut un rêve, un affreux cauchemar,
Dans lequel sur ton sein tu sentais un poignard.
Non, le peuple n'est pas ce ramassis de filles,
De porteurs de galons, de porteurs de guenilles,
Qui grouillent aux bas-fonds de la société ;
Le peuple de Paris est fier de sa Cité
Et semblable à l'oiseau dont le plumage brille,
Il ne salirait pas le nid de sa famille ;

Le peuple, le vrai peuple, aime l'honnêteté ;
La licence pour lui n'est pas la liberté.....

  . . . .

La Commune se meurt, Paris est dans l'attente ;
Il ne respire plus, son âme est haletante,
Car il voit s'approcher le jour du dénoûment,
Déjà de la Commune il sent le craquement :
Tous ceux qui peuvent fuir l'affreuse tragédie
S'éloignent sans retard ; on sait que l'incendie
Menace d'éclater de moments en moments ;
Quelques heures encore, il ne serait plus temps,
Car tout le monde sait que ces bêtes féroces
Iront jusques au bout, leurs projets sont atroces...
Mais pourquoi retracer ces sinistres horreurs ?
A quoi bon réveiller ces sanglantes terreurs ?
Et pourquoi retourner le couteau dans la plaie,
Quand le pays encore étendu sur la claie,
L'âme et le cœur brisés, les membres pantelants,
Pour guérir sa blessure appelle ses enfants ?
Non, non, ô noble France, ô ma chère patrie,
Toi qui toujours pour nous fut l'idole chérie,
Non, nous ne viendrons pas près d'une mère en deuil
Raconter le trépas de ses fils au cerceuil.
Fermons, fermons le livre à ses funèbres pages :
Invoquons les martys, ces innocents ôtages,
Dont le sang a coulé pour racheter Paris.
Ils sont morts pardonnant à leurs bourreaux surpris.
Que leur sang répandu, loin de crier vengeance,
Sur des fils égarés appelle la clémence !

  . . . .

  . . . .

LES CAUSES ET LES EFFETS.

Après ce cataclysme, arrêtons un instant
Nos pensers, nos regards sur le gouffre béant.
Quand les faits ont montré de si terribles choses,
Le penseur a le droit d'en dégager les causes.
Bien plus, c'est son devoir, et c'est sa mission
De porter le flambeau devant la nation.
Il doit par ses leçons, quoiqu'il puisse advenir,
Des fautes du passé préserver l'avenir.

QUI DONC ES-TU ?

Qui donc es-tu, toi qui sur terre,
Contre le frère arme le frère ?
Qui donc es-tu, toi qui toujours
Nous ramène les mauvais jours ?

QUI JE SUIS ??

Du mal, je suis l'affreux génie,
Je suis l'homme qui s'ingénie
A pervertir les nations ;
Je suis : les révolutions !

« Je suis l'abject et la licence,
« Mon objectif est « Jouissance »
« Mes appétits n'ont pas de lois :
« Je séduis, je mange et je bois !

« Je suis la liberté d'écrire
« Pour calomnier, pour médire ;

« Je lance la bave et le fiel,
« J'insulte la terre et le ciel.

« Je suis le roman dont les pages,
« Avec leurs lubrique images,
« Leurs récits aux fausses couleurs,
« Gâtent les esprits et les cœurs.

« Je suis aussi la Pièce obscène
« Qu'un vil histrion sur la scène
« Débite et souligne à la fois,
« Et par le geste et par la voix.

« Je suis le fer, je suis la foudre :
« De l'obusier je suis la poudre,
« C'est moi qui met le glaive aux mains
« Des bourreaux et des assassins.

« Je suis Judas, Judas le traître
« Pour un peu d'or vendant son maître,
« Je suis le larron sur la croix
« Jetant l'insulte au roi des rois !

« Je suis sans règle, sans science,
« Sans foi, sans loi, sans conscience.
« De la matière adorateur,
« Voilà mon Dieu, mon créateur.

« Je suis l'Archange après la chute,
« Contre mon Dieu toujours en lutte ;
« Je suis ouvrier de Babel,
« Je brave le trône et l'autel.

« Mon nom, je l'ai dit à la France ;
« Elle s'en souviendra, je pense!
« Car j'ai voulu briser son cœur,
« Ses lois, son Paris, son honneur !

!!!!!!

REMEMBER.

O France! je t'adjure au nom de tes misères,
De fermer ton oreille aux discours des faux frères!
T'ont-ils assez trompé, tous les beaux discoureurs,
Les discurs de grands mots, les rhéteurs, les menteurs?
O France, souviens-toi de ta splendeur ancienne,
Souviens-toi de Clovis et de la loi chrétienne ;
Regarde tes malheurs, vois ce qu'ont fait de toi,
Tous les libres-penseurs, contempteurs de la Foi !
C'est par eux, tu le sais, qu'au sein de la famille,
Le père est sans pouvoir sur le fils et la fille ;
C'est par eux, qu'en ce siècle ardent et tourmenté
Nul ne veut s'incliner devant l'autorité !
C'est par eux que ces mots, Raison, Indépendance !
En passant dans les faits, sont devenus Licence !
O France! en regardant tous les chemins sanglants,
En comptant les tombeaux creusés pour tes enfants,
Ne comprendras-tu pas que tu cours à l'abîme,
Sans un retour vers Dieu, sans un effort sublime ?
O mon noble pays, souviens-toi! souviens-toi
Que tu ne peux grandir qu'aux clartés de la foi !

Les menteurs te diront qu'on trouve la lumière
Dans les combinaisons de l'épaisse matière,
Que Dieu, c'est l'hypothèse, et que le positif
Du mouvement humain est l'unique objectif.
Ce que te dit bien mieux la rude expérience,
C'est qu'un peuple est fini, quand il est sans croyance.

LE SALUT.

*Heu! Miserande puer, si qua fata aspera rumpas,
Tu Marcellus eris......*

Quand un peuple imprudent, sous le joug des plus forts,
S'est courbé lâchement, et quand tous ses efforts
N'ont eu pour résultat que d'engendrer des haines
Et de river toujours des anneaux à ses chaînes ;
Quand il a renié son glorieux passé
Et qu'il croit être libre, étant plus oppressé ;
Quand il a tout perdu, jusques à sa vigie,
Allant du vice au crime, et du crime à l'orgie;
Quand il succombe enfin sous le poids du malheur
Et qu'il cherche, effaré, d'où viendra son sauveur,
Si ce peuple asservi conserve une âme fière,
S'il veut se souvenir de l'antique bannière,
Dieu fait surgir un homme, et, le marquant au front,
Lui dit : « Je te choisis, va relever l'affront. »
Cet homme, au gré de Dieu, sera grand dans la lutte;
Il sortira vainqueur, arrêtera la chute
Et donnera le calme au siècle tourmenté.
L'homme passe. Qu'importe! Un peuple est racheté.

Qu'importe, si la foi remplaçant la raison
Nous ouvre avec l'espoir un plus large horizon !
Qu'importe, si le peuple, abdiquant ses colères,
Reconnaît ses amis, repousse les faux frères !
Qu'importe, si pour lui le grand travail humain,
Au lieu d'être un fardeau du jour, du lendemain,
 Au lieu d'être à jamais pour lui la lassitude,
Devient de ses vieux ans l'espoir, la quiétude !
L'homme passe, sans doute, et ses jours sont comptés ;
Ses droits sont éternels, quoiqu'ils soient contestés.
Or, cet homme béni, c'est celui que Dieu même,
De par son droit divin, a marqué du Saint-Chrême.
C'est celui qui dispense en son autorité
L'égalité des droits, l'amour, la liberté......

   . . . . ,

   . . . .

Oui, France ! ton salut est dans sa main loyale.
Les menteurs te diront qu'une race royale,
Ne peut que ramener tous les vieux errements,
Que du joug féodal les asservissements
Te courberont la tête et que, serf de la glèbe,
Tu changeras de nom en devenant la plèbe.
Si tu crois ces faiseurs de révolutions,
Si tu n'as pas reçu d'assez rudes leçons,
Si tu n'as pas assez des rhéteurs, des parjures,
Si tu veux de nouveau courir les aventures,
Si tu ne peux enfin user du sens moral
Pour savoir discerner et le bien et le mal,
Marche, marche toujours dans ta route poudreuse,

Mais n'accuse que toi, quand l'abîme se creuse :
Oui, n'accuse que toi dans ces grands jours de deuil,
Qui font de notre France un immense cercueil :
Oui, n'accuse que toi, quand l'innocent lui-même
Partage du bandit le châtiment suprême.
Pour moi, qui suis du peuple, et peuple comme toi,
Je pleure sur ton sort, si tu n'as plus la foi !

FIN.